1ʳᵉ FEUILLE

DE

L'ÉVANGILE-RÉVOLUTION

PAR

TOUCHE-A-TOUT

> Entre la revélation de mes Devoirs
> et la déclaration de mes Droits, je
> veux un trait d'union, *na.*
> Touche-a-Tout.

PRIX : UN FRANC

LYON

ASSOCIATION TYPOGRAPHIQUE LYONNAISE

Regard, rue Tupin, 31.

1868.

1re FEUILLE

DE

L'ÉVANGILE-RÉVOLUTION

PAR

TOUCHE-A-TOUT

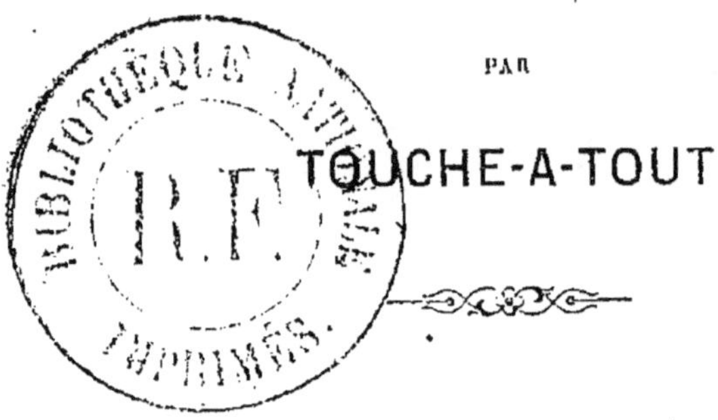

> Entre la révélation de mes Devoirs
> et la déclaration de mes Droits, je
> veux un trait d'union, *na.*
>
> TOUCHE-A-TOUT.

PRIX : UN FRANC

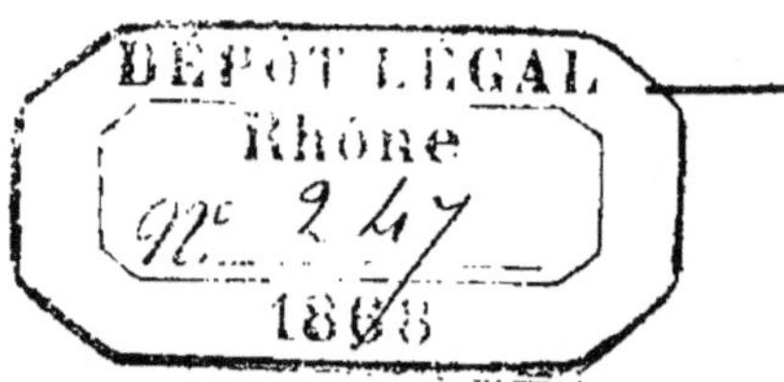

LYON

ASSOCIATION TYPOGRAPHIQUE LYONNAISE

Regard, rue Tupin, 31.

1868.

AVIS

Les offres et les demandes relatives à l'Évangile-Révolution se font, par lettres affranchies, à l'adresse de M. Louis MULATIER, *agent d'assistances*, rue de la Paix, 24, à Saint-Étienne (Loire).

Saint-Etienne, le

Monsieur,

J'ai l'honneur de vous adresser ces premières pages avec prière de me les retourner si vous ne voulez pas m'en devoir le prix.

Je vous serai très-obligé de me dispenser ainsi de vous distraire une seconde fois de vos occupations pour vous entretenir de sujets en dehors de votre ordinaire.

Je vous déclare toutefois que je n'attaque ni les doctrines ni les docteurs, mais le dogmatisme, c'est-à-dire la distribution, la *profession*, la révélation des unes par les autres. Je crois aux dogmes, puisque dogmes il y a, je respecte les personnes qui nous les servent, mais je ne puis souffrir les manières d'ancien régime qu'elles gardent pour nous desservir.

Les corps enseignants agissent par trop envers leur public comme la bonne d'enfants envers sa marmaille ; ils oublient que, émancipés depuis soixante-et-dix ans, nous avons droit à un enseignement plus convenablement donné. De nos têtes sortent, il est vrai, des oreilles pour entendre ce qu'on nous dit, mais il en peut sortir aussi une voix pour répondre à ce que nous avons entendu, et il nous déplaît singulièrement qu'on n'en veuille qu'à nos oreilles.

Voilà pourquoi le peuple prend en aversion la science et les savants et se montre plus particulièrement animé d'un mauvais esprit envers le clergé et la religion. C'est de ce côté que mes études ont porté, et par la question qui termine la 1re *feuille du Touche-à-Tout*, il vous sera facile de voir que j'entends prendre les dogmes au collet, au nœud vital, pour les transporter sur un autre terrain, leur faire donner une autre exposition et d'autres soins, et leur adjoindre d'autres jardiniers.

Veuillez agréer, Monsieur, l'expression de mes sentiments distingués.

LAISSEZ PARLER L'ASSISTANCE, S.V.P.

L'ouvrier n'est pas une machine. Sa tête fonctionne aussi bien que ses bras et son cerveau a tout autant de besoins à satisfaire que son estomac.

Voilà pourquoi tant de livres s'impriment et tant de journaux se publient tous les jours.

Chaque savant fait de son mieux pour distribuer autour de lui la nourriture qu'il juge à propos, l'enseignement qu'il sent devoir être le plus utile.

Les foyers de lumière ne manquent pas et les moyens de s'instruire sont mis à la portée de chacun.

Mais ne saurait-il y avoir des lacunes dans l'enseignement de la science? Les œuvres des hommes seraient-elles donc parfaites?

Tout le beau monde parle et écrit pour le peuple. Mais, en supposant qu'il ait autant de lecteurs que d'écrivains, lui demande-t-on ses idées et s'informe-t-on consciencieusement de la manière dont il entend les choses?

Les maîtres sont-ils suffisamment compris sur tous les points? N'ont-ils pas porté trop tôt l'attention sur certaines questions où leurs élèves ne sauraient les suivre? Ne tiendraient-ils pas trop longtemps l'auditoire arrêté devant des problèmes qui importent aux maîtres seuls et en face desquels l'assistance est plus ou moins à l'aise?

Dans l'ardeur généreuse qui transporte chacun, quelques erreurs de détail et d'ensemble se glissent forcément, toutes les propositions qui voient le jour ne s'agencent pas parfaitement, et, dans le déluge actuel des brochures, on ne peut moins faire que de se perdre un peu.

Celui qui se perd a l'instinct de son égarement, celui qui écoute entend bien ce qu'il n'entend pas, et celui qui regarde voit bien quand il ne voit rien.

Qui mieux que l'élève en défaut sent par où il pèche et peut l'indiquer? Qui mieux que le chaland besoigneux a conscience de la marchandise qui lui manque et peut la désigner au marchand ?

Après avoir attentivement écouté les professeurs, nul auditeur ne désire-t-il prendre la parole à son tour, communiquer ses impressions, dissiper quelques brouillards, témoigner sa joie et sa satisfaction, montrer que les leçons ont été comprises et assurer ceux qui les ont faites qu'elles seront mises à profit?

Toutes les questions sont-elles épuisées, toutes les objections soulevées, toutes les difficultés aplanies? Tout est-il parfaitement clair et sans nuages pour les élèves comme pour les maîtres ?

Le patron est enchanté de savoir ce qu'ont retenu ses apprentis, de les voir appliquer ce qu'il leur a inculqué, de leurs progrès sensibles dans l'apprentissage du métier qu'il s'est chargé de leur apprendre.

S'ils se trompent, il les redresse, et ce qu'ils ont mal entendu il le leur répète.

Dans le domaine de l'intelligence, instructeurs du peuple, n'êtes-vous pas ses patrons, et, comme eux, ne seriez-vous pas bien aises de voir vos leçons porter fruits ?

Ne parlez-vous que pour parler, pour entendre et faire entendre le son de votre voix et provoquer des applaudissements? Ne visez-vous pas à produire de l'effet à l'extérieur et à l'intérieur, à faire autorité, à pouvoir chez les autres ?

Parmi vous, y a-t-il beaucoup d'hommes qui consentiraient à prêcher dans le désert? Et se voir écouter, suivre et louer par une assistance de plus en plus considérable, est-ce que cela ne flatte pas l'amour-propre de chacun ?

L'amour-propre, l'amour de votre personne et des propriétés qu'elle possède, le besoin de voir constater par autrui votre qualité et vos qualités, vérifier votre mérite et vos mérites, reconnaître vos vertus et votre vertu, réaliser vos valeurs et votre valeur, n'est-ce rien ?

La répétition est l'âme de la pensée. N'auriez-vous pas besoin de revoir un peu ce qui est appris, de procéder à un examen de conscience intellectuel, de repasser et les leçons qu'on a reçues et celles qu'on a données, de conférer sur les points obscurs, de vous assurer enfin qu'on sait tout, qu'on n'oublie rien ?

Ne manquerait-il rien d'essentiel au peuple pour apprendre ce qu'il ne sait pas, pour faire connaître ce qu'il ignore, manifester ses besoins et signifier ses désirs spirituels ?

La langue qu'à cet effet les gens de lettres ont cru devoir lui prêter est-elle de son goût et l'a-t-il adoptée ?

A-t-il des vêtements à sa taille, à sa façon, d'une couleur, d'une forme, d'un prix et d'une étoffe qui lui plaisent ?

Porte-t-il des habits comme messieurs de l'Académie, et ses discours ne sont-ils pas cravatés différemment ?

Et, s'il en est ainsi, ne devez-vous pas en tenir compte ?

Vous êtes dans le siècle des lumières, soit ; mais ces lumières sont-elles tournées de façon à ce que chacun en puisse profiter ? Les rayons vont-ils où ils doivent aller ? Se distribuent-ils à tout le monde d'une manière convenable ?

Eblouir n'est pas éclairer. Tout le monde est-il éclairé ? N'y a-t-il personne d'ébloui ?

Toutes les vues ne supportent pas le même éclat, et, sans être hibou, tout le monde n'est pas aigle pour braver impunément les rayons du soleil.

La vue de chacun est-elle ménagée ? Tout le mond

voit-il suffisamment ce qu'il a intérêt à voir? Les cris :
Des lampions ! ne renfermeraient-ils pas un sens profond
semblable à celui du génie allemand à l'agonie : De la
lumière ! plus de lumière !

Le peuple ne se perdrait-il pas un peu dans l'énumé-
ration que la science lui fait faire de ses besoins et de
ses travaux, et la hauteur des constructions que nos
savants ont édifiées n'empêcherait-elle pas de voir l'ensemble, de bien juger ce qu'ils ont fait, de ce qu'ils
font, de ce qu'ils vont nous faire?

Promené dans les divisions et subdivisions innom-
brables de la science, l'homme du peuple peut-il en
comprendre le plan? Habitera-t-il toujours les ruelles,
les caves ou les combles? N'aura-t-il jamais mieux que
la perspective des toits et les senteurs des cours?

Architectes qui lui chantez vos louanges et lui prônez
vos chefs-d'œuvre, qu'est-ce qu'il en pense? Trouve-t-il
les choses à sa convenance?

Et croyez-vous qu'il soit possible de trouver à sa convenance des biens dont on n'use pas, dont on n'a le plus
souvent que faire, dont on ignore la position et la desti-
nation ?

On aurait beau bâtir à chacun de vous des palais
dans la lune, si la faculté de les habiter ne vous est
pas donnée, si vous ne les connaissez que par ouï-dire,
les trouverez-vous à votre goût, en direz-vous grand
merci?

Et pour beaucoup d'instructions prétendues populaires
n'en pourrait-il être ainsi ?

Pendant que les conducteurs s'égarent dans les questions de détail, qu'ils jouent au milieu des festons et
des guirlandes, qu'ils s'enthousiasment des bas-reliefs
et des hors-d'œuvre, le peuple se demande si la char-
pente totale est bonne, les fondations bien assises et les
murailles d'aplomb.

L'extase provoquée par la présentation de certaines
pièces à la décoration desquelles on a travaillé longtemps ne ferait-elle pas perdre de vue le but pour lequel
on est venu et à l'accomplissement duquel s'attend ce
monde qu'on traîne après soi?

Que peut dire l'artiste à qui viendrait le tirer de sa rêverie, lui demanderait pardon de la liberté grande, mais lui rappellerait qu'il est là pour s'occuper de la société qui l'entoure et qui le prie de passer à autre chose ?

Ne travaille-t-on pas pour un monument commun où chacun de nous doit payer de sa personne et apporter sa pierre ? Ce monument est-il achevé ? Tout le monde s'y trouve-t-il à l'aise ?

Vouloir trop longtemps concentrer l'attention sur un point, et l'attention publique, n'est-ce pas voler du temps consacré à l'œuvre commune ? N'est-ce pas abuser, tromper, égarer à plaisir le sens commun des efforts individuels ?

Bref, le monde est-il fini ? La Révolution qui en a clos l'ancien régime et inauguré le nouveau est-elle achevée ? Que reste-t-il à faire et comment en viendra-t-on à bout ?

Par ce que le monde a été et par ce qu'il est on peut préjuger ce qu'il va devenir. L'histoire du passé est-elle faite et bien faite, et le tableau du présent ne laisse-t-il rien à désirer ?

—

Sur quoi parlerait l'assistance.

Sans aller s'embarquer sur l'océan des questions politiques, sans quitter la terre ferme, le sol natal où l'on est à l'abri des naufrages, on peut trouver tant de choses à dire sur lesquelles l'opinion du premier penseur venu n'est peut-être pas à dédaigner.

Sur les questions de première nécessité, sur les choses

de la vie commune, sur les banalités qui intéressent tout le monde, ne pourrait-il ouvrir un avis sensé, indiquer une direction acceptable, mettre sur la voie de quelque découverte ?

Son suffrage est requis pour nommer ses souverains, ne saurait-il l'être aussi pour juger de l'enseignement qu'on lui donne, de la science qu'on lui fait ? Et son concours intellectuel ne saurait-il compter en rien, alors que son assistance matérielle est en hausse et a pris une si grande valeur ?

Mord-il à l'instruction qu'on lui donne comme à celle qu'on lui vend ? Et, s'il n'y mord pas de même, pourquoi en est-il ainsi ?

Que ne lui demandez-vous de manifester ses désirs, d'exprimer à sa manière par quels moyens on réveille son appétit, on excite sa convoitise spirituelle, on le fait savoir, on le gagne à la science ?

Ne pourrait-il par ses indications abréger, si peu que ce soit, les fatigues de recherche des dispensateurs de son enseignement ? Et, s'il le peut, de sa bonne volonté ne doit-on tenir aucun compte ?

On lit les hiéroglyphes de l'Egypte ancienne, on déchiffre les énigmes des briques chaldéennes et l'on espère discerner la langue commune au genre humain à l'époque de la dispersion des peuples au pied de la tour de Babel.

Le présent, qui vit et parle sous nos yeux, est-il donc plus difficile et moins important à connaître qu'un passé qui gît inerte dans des pays lointains ?

L'observation des langues vivantes ne pourrait-elle donner la clé des langues mortes et ne serait-il pas de quelque avantage de s'en assurer avant de courir si loin, de remonter si haut ?

Ces débris de civilisations éteintes, ces ruines augustes ne sont-elles pas aussi bien du ressort du peuple que de celui des savants, et les ouvriers qui ont taillé ces obélisques, qui ont façonné ces briques ne pourraient-ils rien nous apprendre ?

S'il ne s'agit que de décrire les figures, de constater l'état des lieux, le premier manœuvre venu ne peut-il le faire en termes plus techniques et aussi naturels que l'homme de cabinet, que l'archéologue officiel ?

Et lequel des deux pourrait atteindre le plus sûrement à la vérité, lequel des deux arriverait le plus tôt à l'expression vraie, se mettrait le mieux à la portée du grand nombre et parviendrait à réunir le plus de suffrages ?

Demande-t-on à la machine humaine qui entend, voit et parle tout ce qu'elle peut donner ; on s'adresse beaucoup trop au bras, moins à la tête, encore moins au cœur. Cependant, si la balance même grossière pouvait dire quand elle est juste et quand elle ne l'est pas, pourquoi elle l'est ou ne l'est pas, il me semble que le marchand qui ne la consulterait point devrait être sourd et aveugle.

La balance sociale ressemble fort au peuple, mais pour la consulter il ne faut pas rester en son cabinet, les yeux sur les livres du passé ; il faut mettre le nez à la fenêtre, regarder dans la rue, jeter un coup d'œil à la ruelle et aller faire un peu la place.

Pour relever le peuple à ses propres yeux, pour l'honorer et l'estimer franchement, ne devrait-on pas faire appel à ses capacités, quand bien même on ne voudrait qu'en simuler l'emploi ?

Dès que l'élève se sent en progrès, il en fait davantage. Dès qu'il se voit marcher, il y prend plaisir, et, après avoir eu ses embarras, il se plaît à les faire.

Dès que l'enfant se sent utile, n'est-il pas moins porté à détruire, plus calme et plus gouvernable ? Dès qu'il sait élever un château de cartes, ne sait-il pas aussi le défendre, surtout si son œuvre a obtenu l'assentiment maternel ?

Et ce sentiment de conservation pour son bien, l'homme du peuple ne l'étend-il pas à celui du voisin ? Ne sait-il pas mieux apprécier la valeur du travail accompli et aura-t-il autant besoin d'un sermon ou d'un traité sur la propriété pour apprendre à respecter la sienne et à respecter celle d'autrui ?

Quand un homme a sué sang et eau pour acquérir un champ, allez lui proposer de partager avec vous, vous serez fort mal reçu. Il vous dira énergiquement qu'il a payé ce champ de ses larmes, de sa sueur, de ses soucis, de ses veilles et qu'il a encore du sang dans les veines, de la tête et du cœur pour défendre ce qui lui a tant coûté.

Qu'un pauvre paysan se présente dans un humble hameau et qu'il y vienne bégayer entre ses lèvres épaisses que l'ennemi a fauché ses blés, emmené sa femme et ses bestiaux, incendié sa maison et tué ses enfants, qu'il n'est pas mort pour sauver la vie de ses frères et venger la mort de ses enfants.

Les *pays* qui l'entendront se lèveront comme un seul homme, un chef apparaîtra, et ce juge armé d'un coutre de charrue chassera l'ennemi, et ce rustre avec sa mâchoire d'âne triomphera des agresseurs.

Je n'invente rien. Ces faits sont historiques. La mémoire des peuples les a enregistrés et dans un livre saint on les trouve marqués au chapitre de Samgar, à celui de Samson.

Laissez-moi me répéter

Faire des cours et des discours, professer des théories savantes, créer des systèmes neufs avec les vieux, est-ce là tout ce qui constitue l'enseignement *humain* ?

L'industriel ne songe-t-il qu'à vendre, qu'à débiter les articles de sa fabrication ? ne consulte-t-il jamais le goût de la pratique, surtout quand cette pratique est bonne ouvrière et parle si bien en acte ?

L'éducation a pour but de faire des hommes complets et entiers, de les façonner corps et âme, de développer uniformément tous leurs sens et de donner du jeu à tous leurs membres.

Quand un membre ne marche pas, quand il refuse son service, quand il n'émet aucune action, l'homme est estropié.

Quand un sens n'a pas la faculté, la facilité de remplir ses fonctions, de vaquer à ses sensations, de transmettre les idées qui lui sont habituelles, l'homme est imbécile.

L'ouvrier des villes, non plus que le travailleur des champs, n'est ni estropié, ni imbécile ; et, quand bien même il serait l'un et l'autre, quand bien même il serait privé et d'un sens et d'un membre, ne devrait-on pas chercher à lui en rendre la privation moins pénible en donnant plus d'exercice et d'aptitude aux autres ?

Ne voyez-vous pas les bras de l'impotent cumuler les fonctions de jambes et de bras, l'aveugle lire du bout des doigts des caractères gravés en relief ou en creux, le muet parler par signes et le sourd entendre la parole passer sur les lèvres ?

Chacun a ses idées, sa manière de les exprimer, son génie particulier ; mais pour le comprendre il faut croire à ses moyens et nous faire à sa langue avant de le traduire dans la nôtre.

Nul ne peut bien rendre ce qu'il a mal entendu, et avant de commander l'attention, de résonner son chant et d'en pénétrer les cœurs, la corde sonore doit fléchir sous l'archet et obéir à l'artiste qui lui donne l'âme et la vie.

La science n'est pas seulement le sujet des méditations des hommes d'étude, elle est encore l'objet des applications des hommes de travail.

Après l'exposition des embarras et des difficultés des uns, ne pourrait-on permettre aux autres de formuler leurs déclarations de peines et de fatigues.

On songerait peut-être après les avoir entendus à s'unir, à s'associer, à s'assister les uns et les autres, pour essayer de tout surmonter ensemble.

Bien des pourquoi que les professeurs mettent sur les livres ont leur parce que dans les mains des travailleurs, et bien des pourquoi des gens de métier risquent d'être à jamais perdus dans les cabinets savants.

Car ce qu'on appelle science n'en est vraiment que la moitié, celle qui a mission de sortir de la tête des uns pour passer dans celle des autres.

Il manque l'autre moitié, celle qui des bras d'autrui montée en tête, devrait s'exprimer pour l'instruction des maîtres du présent et l'édification de l'avenir.

La science théorique est une science d'aveugles, incrédule tant qu'elle n'est pas en présence de preuves palpables, et s'amusant par trop à des compositions musicales, à des motifs harmonieux.

Elle a horreur des démonstrations bruyantes de la pratique, s'en tient à l'écart, et ne pouvant dès lors se rendre compte de l'accord d'esprits qu'elle ne voit pas, elle appelle révolution, désordre, tout mouvement qui se produit à son insu, tout changement qui, lui arrivant sans avertissement, peuvent la mettre dans l'embarras.

La science pratique est une science de sourds-muets par trop crédule et confiante, tant que les mensonges qu'on lui débite ne lui crèvent pas les yeux et que les machinations qu'on dresse autour d'elle ne viennent pas lui couper bras et jambes.

Elle n'entend pas les conversations à voix basse, n'est pas au courant des mots qu'échangent les corps qui passent et repassent pour détruire ici et rebâtir là-bas, et alors qu'elle est en admiration devant un travail achevé, qu'elle est absorbée par ce qu'elle voit, elle se trouve mal de n'avoir pas entendu les cris d'avertissement des démolisseurs qu'elle n'a pas vus.

Raison de ce qui précède.

J'ai cru qu'il y avait un oubli à réparer, que le peuple avait une langue et qu'il pouvait, devait et voulait s'en servir.

J'ai cru que sa main-d'œuvre intellectuelle, les produits de son tact n'étaient pas sans valeur, et qu'il ne refuserait pas d'en faire part à qui saurait les lui demander.

J'ai cru que la substance des chefs-d'œuvre des auteurs de génie pouvait et devait être livrée à tous, après une trituration préalable.

J'ai cru que les vins de dessert ne devaient pas être servis à plein verre, mais versés à petits coups pour produire le meilleur effet.

Car il m'a semblé que ces vins capiteux pris à trop forte dose faisaient chanceler les plus forts, noyaient leur raison et par leur esprit exaltaient la matière outre mesure.

Il m'a semblé que le peuple avait encore les nerfs agacés pour en avoir trop pris, mais que sa fièvre tombait, et que, au délire de l'action désordonnée, allait succéder l'énergie de la pensée libre, la puissance irrésistible des esprits unis pour racheter le temps perdu.

J'ai rêvé que, l'art étant la sublime expression du travail, des chefs-d'œuvre allaient surgir du milieu des travailleurs mieux approvisionnés et qu'un service s'organisait pour les constater et les montrer à tous les yeux.

J'ai rêvé que, le génie étant la conception souveraine d'une longue patience, de bons esprits monteraient la garde autour de son berceau, pour veiller sur ses jeunes années, et écarter les esprits malfaisants et leurs mets empoisonnés.

J'ai rêvé que le mérite et le talent seraient en quête des trésors cachés et que les découvertes seraient grandes et l'allégresse universelle.

C'était un si beau rêve que son impression sur moi dure encore ! C'était un si beau rêve, que je me suis mis en tête de le voir se réaliser !

L'ère des révolutions sera bien close, la paix du monde bien assise, alors que, dans les traités de commerce et de paix à conclure entre les hommes, la plume prendra définitivement la place du fusil.

Que si, dès lors, il se fait une plus grande dépense d'encre, il s'en fera une moindre de larmes et de sang, et les idées ne seront pas plus noires quand elles seront moins rouges.

Que faut-il pour cela ?

Des hommes comme moi, de simples maîtres d'études populaires, qui veuillent bien consentir à corriger les devoirs du peuple illettré, à écrire sous sa dictée sans le plaindre de la croix qu'il porte, et sans avoir l'esprit troublé par la peur de se noyer dans ses crachats.

Que faut-il pour cela ?

Des hommes comme moi, des auteurs inconnus qui prétendent, sans marcher sur la tête de personne, jouir des rayons du soleil commun à tous, et qui, accrochés aux branches de l'arbre social, se sentent avec bonheur moins exposés aux coups de vent qui courbent la cîme de l'arbre ainsi qu'aux rôdeurs de nuit qui se dressent contre le pied.

Que faut-il pour cela ?

Des hommes comme moi, qui, après avoir étudié et compris l'économie humaine et s'en être approprié la langue, **y** rapportent l'expression des pensées d'un chacun.

Des répétiteurs publics agissant pour les adultes qui ignorent, comme pour les enfants qui apprennent, et se faisant de leur mieux tout à tous.

Des agents d'assistances se donnant pour mission de signaler les travaux communs, les pensées généralisées, et de s'enquérir partout des vœux mûris, des besoins sentis et des solutions trouvées, pour tacher de les faire passer de la théorie dans la pratique, des têtes qui les ont méditées aux bras qui pourront les appliquer.

Après ce qui précède vient ce qui suit.

Dans le cours de la vie des nations, bien des projets ne sont d'impraticables utopies que parce qu'ils paraissent tels, mais qu'un commençant tel quel, le premier venu, fasse un appel aux hommes de bonne volonté qui veulent coopérer au progrès social de cœur, de tête, et de bras, le chaos disparaîtra bien vite et les obstacles ne tarderont pas à être aplanis ou tournés.

Ce qui trompe les docteurs, c'est qu'ils sont trop *hommes de lettres*, c'est qu'orfèvres travaillant sur l'or pur, joailliers disposant de bijoux précieux, ils ne voient plus l'or sortir de sa gangue grossière et le diamant brut, au frottement de l'égrisée, se polir et lancer tous ses feux.

Le papillon sent ses ailes et en jouit. Il ne se souvient plus du temps passé, de la vile chenille (ou du moins s'il s'en souvient, il ne s'en souvient guère).

Les lettres ont matérialisé l'esprit et les fleurs, les flots de dentelles, les beaux atours sont venus éblouir, fasciner les yeux et porter à la tête de telle façon que le cœur s'est oublié pour un temps.

Ce qui rend muet l'ouvrier, c'est qu'il est trop *homme de peine* et *d'action ;* c'est que, rude mineur, lapidaire infatigable, il ne sait pas distinguer de loin l'argent du mica et la topaze du strass, et qu'il juge d'après l'effet, d'après la monture, le nom que l'on porte, la place qu'on a et les airs qu'on se donne.

La chrysalide n'est plus, le nouvel hôte de l'air est enfin sorti de prison, mais encore tout alourdi de son travail pénible, de son long sommeil, il n'ose déployer ses ailes.

L'esprit ne se dégage qu'avec peine de la matière, l'enfant n'acquiert pas de suite les belles manières, la prestance du maître; il est gauche comme tout apprenti qui débute et qui craint d'exciter le rire des compagnons et de prêter le flanc aux ridicules d'autrui.

Pour aider ses premiers pas, pour endosser la responsabilité de la forme, pour faire un pont, ouvrir une voie à ses idées, créer un débouché à son génie, nul ne saurait-il s'offrir en attendant que de plus dignes viennent l'aider s'il faiblit, le relever s'il tombe.

Il prendrait connaissance de toutes les questions plus ou moins claires qui seraient posées avec ou sans orthographe, et formulerait de son mieux les réponses qu'il croirait devoir y faire, en empruntant à tous ceux qui auraient traité la matière.

L'abeille ne compose pas autrement son miel, et le règne, l'empire des abeilles ne serait-il pas venu ?

La critique viendrait, en temps opportun, réprimer le trop de suffisance de son travail et suppléer à ses défauts. Elle serait la bienvenue pour lui convaincu qu'il n'a pas la science infuse.

Il aurait le courage de dire sur une question donnée tout ce qu'il sait et de ne pas taire ce qu'il ignore, et la sagesse d'observer les lois du respect humain, d'obéir à la mode, de ne pas circuler aux heures indues, de ne pas s'affubler d'un costume indécent, ni d'avoir l'accent provocateur et le geste insolent.

Il donnerait son avis alors qu'il croirait devoir le faire, sans avoir égard aux sollicitations de la presse, sachant, par expérience, que le commerce et l'industrie des esprits comme des corps, des idées comme des marchandises, souffrent toujours de se produire durant un état de siége.

On pourrait dès lors espérer obéir à la voix de la raison plutôt qu'aux coups de canon, et le peuple déserterait peut-être l'air du *Ça ira* pour ceux de l'atelier, les loisirs de la grève et la manœuvre des pavés pour l'usage de l'assistance et le service de la pensée.

Il s'adresserait surtout aux prétendus pauvres d'esprit, loyales et franches natures populaires, qui soutiennent fortement ceux qu'elles sentent s'appuyer un peu sur elles.

Il n'oublierait pas les infirmes, les pauvres et tous les misérables qui sont les réprouvés de la société, parce que personne encore n'a su les utiliser et les faire concourir à l'intérêt général.

En haut, en bas, il prendrait le fonds, la matière première de ses articles et consulterait l'instinct des masses et la raison d'État pour adopter la forme à l'ordre du jour.

Il y aurait des taches dans son œuvre. Il y en a bien dans le soleil, et l'homme est loin de se prendre pour un astre !

On lui prêterait, on lui avancerait des idées et des fonds quand il viendrait à en manquer, on lui ouvrirait un crédit où il pourrait puiser pour tenir la nouvelle banque du peuple, prêter, avancer, ouvrir un crédit aux autres.

Il a bien fallu que la société me donnât ce que j'ai, qu'on me fît l'avance des biens que je possède.

Qui sans avoir reçu peut donner? Qui sans avoir emprunté peut prêter ?

La naissance de l'homme ? Qu'est-ce autre chose qu'une avance de forces, une première somme de temps et d'idées prêtée à un esprit qui ne s'est pas prêté lui-même ?

La vie? Qu'est-ce autre chose qu'une succession de moments, une accumulation d'efforts, une complication d'idées, triple capital que l'esprit s'ingénie à faire produire et rapporter ?

La mort ? Qu'est-ce autre chose que la liquidation du fonds prêté et des intérêts capitalisés, que le paiement intégral de la dette contractée envers l'usurier suprême qui en a fait l'avance à l'esprit humain, que la réalisation des forces, l'explication des idées, la consommation des temps au jour du jugement, à la clôture de l'exercice ?

Que peut-on craindre ? De succomber à la tâche ? Ce sera une faillite de nouvelle espèce et par laquelle le failli ne saurait être flétri, car il aura eu de la bonne manière le sentiment du *devoir*.

Le ridicule, si l'on échoue, ne frappe que ceux-là seuls qui s'en laissent frapper. L'ennemi n'a accès dans la place qu'autant qu'on le laisse entrer.

Le failli d'ailleurs ne peut-il se remettre de sa chute ? Le banqueroutier ne peut-il parvenir à réparer son banc brisé, si surtout on lui tend la main ?

Il saura ce qui l'a fait tomber, il aura une revanche à prendre, le sentiment d'une dette plus grande à acquitter. Ce sentiment, c'est la force opprimée qui se relève, c'est la vie qui revient.

Et quand l'ennemi se complaît dans son triomphe, quand invaincu il ose se déclarer invincible, le ressuscité soudain se redresse plus grandi, mieux armé et plus que jamais redoutable.

L'esprit ne pourrait-il aussi courir les aventures et tenter la fortune ? Qui mieux que lui est capable de se tirer d'affaire ?

Témérité ! dira-t-on. Soit ! C'est la *furia francese* s'attaquant à tout, c'est la justice de la Révolution qui s'apprête, le jugement de l'anarchie qui se forme.

Folie ! Soit ! Mais cette folie qui consiste à perdre l'esprit de façon à ce que chacun y trouve son compte et en retienne un peu, surtout l'esprit de confusion des intérêts injustes, des personnalités égoïstes.

Que les penseurs qui ont foi en moi, inconnu, de même que j'ai foi en eux, inconnus, s'interrogent et recueillent leurs idées.

Qu'ils secouent ce choléra-morbus physique, intellectuel et moral qui pèse sur le monde, ce reste d'une terreur qui n'a plus sujet d'être, quand au fond du cœur on n'éprouve aucun remords, on n'attend aucun reproche.

On criera contre les orgueilleux et les pédants fanfarons. Ces cris stimulent et encouragent, et d'ailleurs qui est accusé d'orgueil et de forfanterie ne saurait l'être de lâcheté et d'hypocrisie.

Ne saurait-on enfin puiser dans le sentiment de sa valeur personnelle la hardiesse d'exprimer la résolution qu'on a de bien faire et d'être utile, dire en présence de tous ce qu'on sait sur tel point et ce qu'on ne sait pas sur tel autre, et demander à être éclairé en ce dernier?

Rougir d'être pauvre d'esprit! Et pourquoi? Sommes-nous donc devenus des dieux, parce que de chaque pavé surgissent des révélateurs s'offrant d'enterrer la doctrine d'un Jésus, qui a plus de dix-huit cents ans, mais non d'imiter la sagesse de ses œuvres humaines.

Et à ce propos je finirai ma première feuille par

UNE QUESTION A L'ADRESSE DE TOUT LE MONDE :

Quelle fut la profession de Jésus de Nazareth, d'où tira-t-il ses moyens d'existence après qu'il eut renoncé au métier de charpentier, qu'il tenait de son père Joseph ?

Avant d'aller plus loin, je me suis demandé si je puis et si je dois poser une pareille question ; en d'autres termes, si l'examen d'une telle question est permis, et si sa réponse peut être de quelque utilité.

L'examen de cette question est permis en ce qu'il n'est pas défendu.

Jésus était Dieu et homme tout ensemble. Comme Dieu il faisait des miracles que je ne sais pas faire, et dont l'authenticité n'est pas discutable. Comme homme Jésus de Nazareth ne vivait pas plus que nous de l'air du temps, et devait avoir des moyens d'existence avoués et reconnus assez semblables aux nôtres, toutes choses égales d'ailleurs, c'est-à-dire en tenant compte de la différence des lieux, des temps et des personnes. La vie matérielle de Jésus de Nazareth n'était un miracle pour personne ; il ne nourrissait pas son corps de la parole divine, et, tout en substantant ses auditeurs de cette nourriture spirituelle, il savait comprendre à l'occasion que l'homme mange du pain, voire des petits poissons, quand il en peut avoir pour son argent ou par son industrie. Rechercher comment le fils de Marie gagnait son pain quotidien, sa vie humaine, n'est pas commettre une indiscrétion sacrilége. L'Église n'a pas jeté l'interdit sur cette question et, sans crainte d'anathème, on peut se demander :

Quelle fut la profession de Jésus de Nazareth, d'où tirat-il ses moyens d'existence après qu'il eut renoncé au métier de charpentier qu'il tenait de son père Joseph ?

La réponse est utile.

L'utilité d'une chose dépend de son opportunité, du besoin plus ou moins étendu et plus ou moins pressant de cette chose. Il faut donc chercher quelles personnes ont besoin d'avoir la réponse à la question posée ci-dessus et quel peut-être chez ces personnes le degré d'intensité de ce besoin.

En ont besoin tous ceux qui songent à la possibilité d'une religion autre que celles qui existent, plus conforme aux aspirations communes, à la généralité des croyances de chacun et de tous. Et de ces personnes le nombre est grand, plus grand qu'on le dit, plus grand qu'on le pense.

En ont encore besoin tous ceux qui, tout en adoptant le gros des doctrines religieuses dans lesquelles ils ont été élevés et ont vécu jusqu'à ce jour, trouvent cependant nécessaire d'y apporter certaines modifications de détail, d'en décliner certaines prescriptions, d'en réformer certains points qu'ils considèrent à tort ou à raison comme articles de foi tombés en désuétude, comme croyances à porter en non-valeurs.

En ont enfin besoin tous ceux qui, non contents de ce qu'ils ont, rêvent des maximes nouvelles, telles ou telles formes de la primitive Église à rajeunir, à restaurer, la transfiguration des traditions et des institutions ecclésiastiques à opérer, la révolution à faire sous le souffle de l'esprit moderne, dans le matériel et le service religieux, dans les pouvoirs spirituel et temporel de l'Église.

Et parmi ces novateurs de détail ou d'ensemble, de la forme ou du fonds religieux, ceux qui ont pris en charge l'enseignement des religions établies, sont par position plus avides du résultat que tous les autres. Constamment sur le qui-vive depuis l'abolition de l'ancien régime, ils président anxieusement aux recherches de la science; travaillés par les enquêtes et contre-enquêtes de la raison contemporaine, ils se demandent si leur gagne-pain sera longtemps en cause, si la vie présente et future d'eux et de leurs fidèles ne profitera pas enfin des découvertes et inventions qui se font jour partout et par tous.

Il suit de là que la question :

Quelle fut la profession de Jésus de Nazareth, d'où tira-t-il ses moyens d'existence après qu'il eut renoncé au métier de charpentier qu'il tenait de son père Joseph ? est à l'adresse de tout le monde, parce qu'elle intéresse les hommes d'Église, les hommes d'État et les hommes du peuple, bon gré mal gré qu'ils en aient les uns et les autres.

Telle est ma première question, le premier sujet sur lequel parlera l'Assistance.

Il est facile aux connaisseurs de juger des autres et à mon entrée en matière de voir quels fonds on doit faire et quelles mises on doit apporter pour être avec moi et composer l'*Assistance du Touche-à-Tout*.

Assoc. typ. lyonn. — Regard, rue Tupin, 31